こころがけえほん

てらにゃんこ

えほんの杜

3つの たいせつな こころ

まず はじめに、
きみに おぼえてほしい
3つの こころを
しょうかいするよ。
とても たいせつなことだから、
よ～くおぼえてね。

1 とらわれない こころ

とらわれない こころは、
みんなの こうどうや、かんがえかたを
うけいれられる ひろいこころ。

2 こだわらない こころ

こだわらない こころは、
じぶんのことだけじゃなくて、おうちのひとや、
ともだちのことも、おもいやれる
やさしいこころ。

かたよらない こころは、
じぶんを ちゅうしんにして、 かんがえたり、
しゃべったり、 こうどうしたりしない、
まるいこころ。

この3つの こころを わすれずに、
こころと こうどうを みがこう。

3つの たいせつな こころ

もくじ

こころを みがこう

やわらかい こころ

こうどうを みがこう

むーじょうじんじん
みょーみょうほう
ひゃくせん
まんごう
なんそうぐう
むーじょう
じんじん
みゃーみゃう
みゃう
ひゃくせん
にゃんごう
……

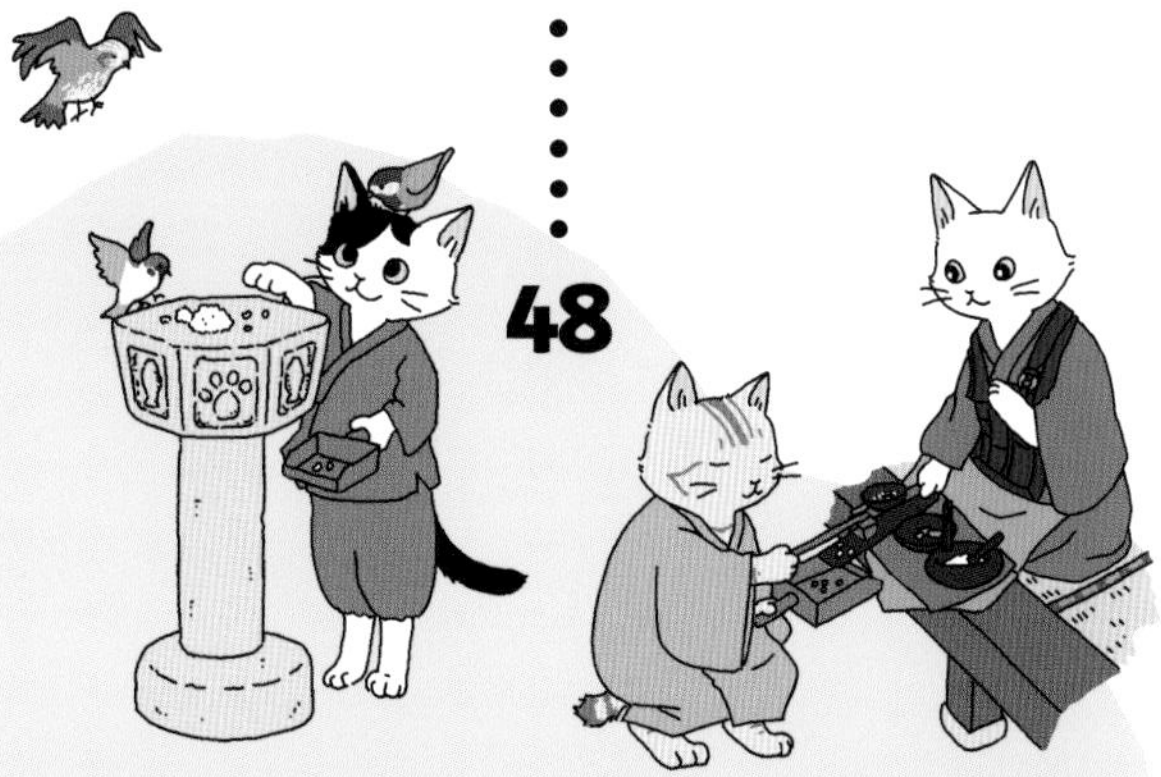

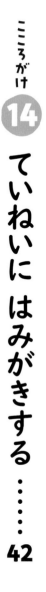

おてらによって、
いちばん たいせつに していることが
すこしずつ ちがうから、
このほんでは、おぼうさんたちが だいじにしている
きほんてきな おしえを しょうかいするよ。

こころを
みがこう

すずしい
こかげを
ありがとう

てつだって
くれて
ありがとう

きみは「ありがとう」の
いみを しってるかな？
じつは「ありがとう」は、
おてらで うまれた ことばだよ。
このよのなかに
そんざいする（ある）ことが、
むずかしい（がたい）ことを しめす、
「ありがたい」という ことばが
もとに なって いるんだ。

「ありがとう」の きもちを わすれない

こころがけ 1

このよのなかに
うまれることは、
とても むずかしいことで、
あたりまえじゃない。
そのことを
いつだって わすれずに、
どんなときも、
かんしゃの きもちを
もちつづけてほしいな。

ともだちでいてくれて
ありがとう!

ニコニコしている

こころがけ 2

いつも

おてらには
「だれかと いっしょにいるときは、
いつも えがおでいましょう」
という おしえがあるよ。

たとえば、
きみが かなしい かおを していたら、
あいても かなしい きもちになる。
きみが こわい かおを していたら、
あいても こわい きもちになる。
それと おなじように、
きみが えがおで
たのしそうに していたら、
あいてだって
たのしい きもちになるんだよ。

こころがけ 3

「いま」を たいせつにする

じかんは「いま」のつみかさね。
たくさんの「いま」がつながって、きみの じんせいが できあがるんだ。
だから「いま」という じかんを どうやって つかうのかが とても だいじだよ。
そして、どんな「いま」をすごすかは、きみしだい。
ゲームをする？ おうちの おてつだいをする？
「いま」なにを するのか、しんけんに かんがえてみようね。

こころで すごす

こころがけ 4

やわらかい

ともだちや きょうだいと
けんかばかりしてしまう きみには、
きょうから やわらかい こころで すごしてほしいな。
じぶんの かんがえに とらわれない
やわらかい こころがあれば、けんかにならないから。

じぶんだけが ただしいと おもって、
おしつけては いけないよ。
まずは、みんなの かんがえや
やりかたを うけいれてみよう。

おぼうさんの まいにち

しんじんの おぼうさんは、りっぱな おぼうさんになるために、
おてらに すんで しゅぎょうするよ。

あさだよー
カラン カラン

4:00 おはよう

おてらには とけいがない

おてらでは、たいこや かねの おとが とけいの かわりだよ。とうばんの おぼうさんが たたいて、みんなに あいずするんだ。

じぶんの ばしょは たたみ いちまい

しんじんの おぼうさんは、おおきな へやで みんな いっしょに せいかつするよ。そのなかで、じぶんの ばしょは、すわるときに たたみ はんぶん、ねるときに たたみ いちまいだけ。とっても ちいさいね。

ねる
すわる

4:15～5:00 あさの ざぜん

なにも かんがえないで すわる

しゅぎょうの ちゅうしんは、すわることだよ。なにも かんがえず、ただ すわって、こきゅうを ととのえるんだ。

5:15～6:00 どっきょう①

おきょうを よむ

こえにだして、おきょうを よむときは、ほかのことは かんがえず、しゅうちゅうして よむよ。おおきな こえをだして、おきょうと ひとつになるんだ。

6:10～6:50 そうじ①

そうじのことは
50ページで
しょうかい
しているよ

※おてらや きせつによって、まいにちの じかんわりは かわるよ。
このページでは、ひとつの れいを しょうかいするね。

7:00~8:00

しゅくざ
（あさごはん）

ごはんのことは
40ページを
みてみてね！

8:30~10:30

たくはつ

おてらの そとを あるきまわって、まちの ひとたちと おしえを むすぶ たいせつな しゅぎょうだよ。

おきょうは
1にち3かい
よむんだ

11:00~11:30

どっきょう②

12:00~13:00 さいざ（ひるごはん）

13:00~15:00 そうじ②

16:00~17:00 どっきょう③

17:00~17:30 やくせき（よるごはん）

ごごも おおいそがし

そうじの じかんに、おてらの おしごとをする おぼうさんもいるよ。おてらに きたひとの たいおうをしたり、たてものの おていれをしたり、はたけで のうさぎょうをしたり、やることは いっぱい。

18:00~21:00

やざ
（よるの ざぜん）

ぜんもんどう

せんせいに もんだいの こたえを つたえる

よるの ざぜんの あいだに おこなう ぜんもんどうは、おてらの せんせいに だしてもらった もんだいを、しんじんの おぼうさんが てんけん してもらうんだ。かんがえても かんがえても、じぶんなりの こたえしかでないよ。

21:30

おやすみ

うそは、
いつか かならず だれかに みつかるよ。
だって、きみは
じぶんが
うそを ついたことを
しっているからね。
うその ない せかいに
いきているんだから
ぜんぶ しんじつなんだよ。

ね…ねずみが
おとして
こわしました
……

こころがけ 5 うそをつかない

そして、きみは
じぶんがついたうそが
みつかるんじゃないかと、
ふあんになる。
じぶんで
じぶんをくるしめること、
じぶんがされて
イヤなことは、
だれにも
しないようにしよう。

ごめんなさい
ほんとは
ぼくが
おとしたの

いただきます！

こころがけ
6

「いただきます」「ごちそうさま」をちゃんという

「いただきます」と「ごちそうさま」の いみを しってるかな？
「いただきます」は、いのちを いただくということ。
おこめも、おにくも、おさかなも、おやさいも、
そのいのちを きみのために つかっていることを わすれないで。

「ごちそうさま」は、
ごはんを つくってくれた ひとへの かんしゃのきもち。
きみのことを おもって、たべものを あつめて、
りょうりをしてくれる ひとが いるから、
ごはんを たべられるんだよ。

こころがけ 7

ときどき はじめの きもちを おもいだす

どんなことも なれてくると、
ゆだんしたり、てきとうになったり、
もくてきを みうしなったりするよね。
そんなときは、はじめたころの きもちを
おもいだしてみてほしいな。

おてらにも
「はじめの きもちを わすれずに、
ずっと もちつづけましょう」という おしえがあるよ。
はじめの きもちは、とても まっすぐで、じゅんすい。
とりくみかたや すすむべきみちを
おしえてくれるはず。

おてらに
きたときの
きもちで
がんばる!

みためだけで はんだんしない

こころがけ 8

せが たかいとか、きれいな ようふくを きているとか、
よのなかには いろいろな ひとが いるけれど、
みんな ちがって、みんな ステキなんだ。

みためは、そのひとの ほんのいちぶぶん。
けっして ぜんぶだと かんちがいしては いけないよ。
ほんとうに たいせつなのは なかみだから、
せいかくや こうどうにも、しっかり めをむけて いこうね。

みじかい しっぽ
みぎと ひだりで ちがう めのいろ
どれも すてきだね!
くろしろの もよう

こうどうを みがこう

こころがけ 9
よいしゅうかんを

おてらでの せいかつは、 まいにち おなじことの くりかえし。
かならず まいにち やることを きめて つづけていけば、
さいしょは 「やりたくないな」 とおもうことだって、
だんだん あたりまえに なってくるよ。

おやすみ

おはよう

ゴシゴシ
ねむい…

いってきます！

つくる

そして、あたりまえのことが、
きみの なかみを つくっていくんだ。
だから、わるい しゅうかんは やめて、よい しゅうかんを つくっていこう。
よい しゅうかんって、どんな しゅうかんかな?

こころがけ 10

あさは パッと おきる

おてらでは あさ4じぐらいに おきるよ。
こんなに はやいと、 おぼうさんだって つらい。
じゃあ、 どうしてるんだろう?

おきる じかんに なったら、 グズグズしないで パッと おきるんだ。
そして なにも かんがえずに、 かおを あらって、 きがえをする。
たいせつなのは やるきがなくても、 とにかく やってみること。
やっているうちに、 どんどん やるきが でてくるよ。

カランカラン
あさだよー

こころがけ 11

ひるまは げんきに かつどうする

よる なかなか ねむれないって？
そんな きみに つたえたいのは、
ひるまに しっかり からだを うごかすと いうこと。
ともだちと あそんだり、 おうちの おてつだいを したり、
クタクタに なるまで、 げんきいっぱいに すごして みよう。

はやおきしても、よふかししなければ、
エネルギーは たっぷり。
ひるまは げんきに すごせるはずだよ。
ひるまの うちに、
そのひの エネルギーを ぜんぶ つかいきって、
よるは グッスリ ねむろうね。

こころがけ

12

すなおに まねする

むーじょうじんじん
みょーみょうほう
ひゃくせん
まんごう
なんそうぐう
むーじょう
じんじん

「まなぶ」の もともとの いみは、
まねをいみする「まねぶ」から きているよ。
やりかたを まなぶ、かんがえかたを まなぶ。
どんなことも、さいしょは まねから はじまるんだ。

おてほんになるひとを みつけて、すなおに まねしてみよう。
まねは はずかしいことじゃないし、
ひとりで なやむより ずっとはやく みにつくはずだよ。

おてらでは、じぶんの おこめを
いきものと わけあうよ。
おぼうさんから あつめられた おこめが、
おてらの にわにある だいに のせられたり、
いけに まかれたりして、
とりや さかなの ごはんになるんだ。

ひとりじめしたら、
ひとりだけの よろこびだけど、
ふたりで わけたら、
よろこびも 2ばいになる。
うれしいことは、みんなで わけあおうよ。

こころがけ
13

よろこびを わけあう

おぼうさんの しょくじ

しょくじも、 たいせつな しゅぎょうの ひとつ。
いつも 「ありがとう」 のきもちをもって、 いただいているよ。

しょっきあらいは おちゃとおゆで

おぼうさんの しょっきセットは、おおきい うつわのなかに、ちいさい うつわを しまうことができるよ。このうつわでは、おさかなも おにくも たべないし、おちゃとおゆで ていねいに あらうから、せんざいなしで、なんねんも きれいにつかうことが できるんだ。

とくべつな
しょっきだね

おしながき

しゅくざ（あさごはん）

●おかゆ ●おつけもの ●ごましお

さいざ（ひるごはん）

●ごはん ●しるもの ●おつけもの ●おかず1 ●おかず2

だいどころ

マナー

これだけは
おぼえよう

とくに たいせつな しょくじさほう

おてらにある、たくさんの しょくじさほうの なかから、きみにも みにつけてほしい 3つを しょうかいするよ。ぜひ きょうから やってみてほしいな。

1 しょっきは りょうてで もとう

2 ただしい しせいで たべよう

3 なるべく おとをださない ように たべよう

しょっき

きほんのメニューは スープとおかずひとつ

すごく
シンプルな
メニューだよ

おぼうさんの ごはんは、からだに やさしい わしょく。しゅしょくの おこめに、おみそしるなどの スープと、ちいさな おかずが つくよ。おかわりは 1かいだけ できるけど、たべのこしは きんし。

やくせき（よるごはん）

●ぞうすい ●おつけもの ●おかず

たべものを むだにしない

りょうりをする おぼうさんは、おこめ1つぶだって すてないように、くふうするよ。むだがでない メニューをつくって、やさいのかわや たねから ダシをとったり、おこめの とぎじるを そうじに つかったりするんだ。

こころがけ 14

ていねいに はみがきする

たべること、はなすこと、こきゅうすること。
これらは、ぜんぶ くちをとおして おこなわれるよね。
にんげんの からだのなかでも、
くちは とてもたいせつな やくわりを もっているんだ。

はみがきは、そんな くちを きれいにすることだから、
まいにち ていねいに みがこう。
きみが はなす ことばだって、きれいになるよ。

モノを たいせつにする

こころがけ 15

モノを たいせつにすることは、
それを つくってくれた ひとや、かってくれた ひとなど、
みんなの きもちを たいせつにすること。

ふるくなったから、あきたからといって、
すぐ ゴミにしてしまったら、
みんなが かなしむよ。
しゅうりしたり、
ほかの つかいかたを かんがえたり、
さいごまで「ありがとう」の きもちをもって、
つかいきってほしいな。

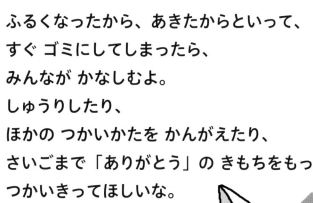

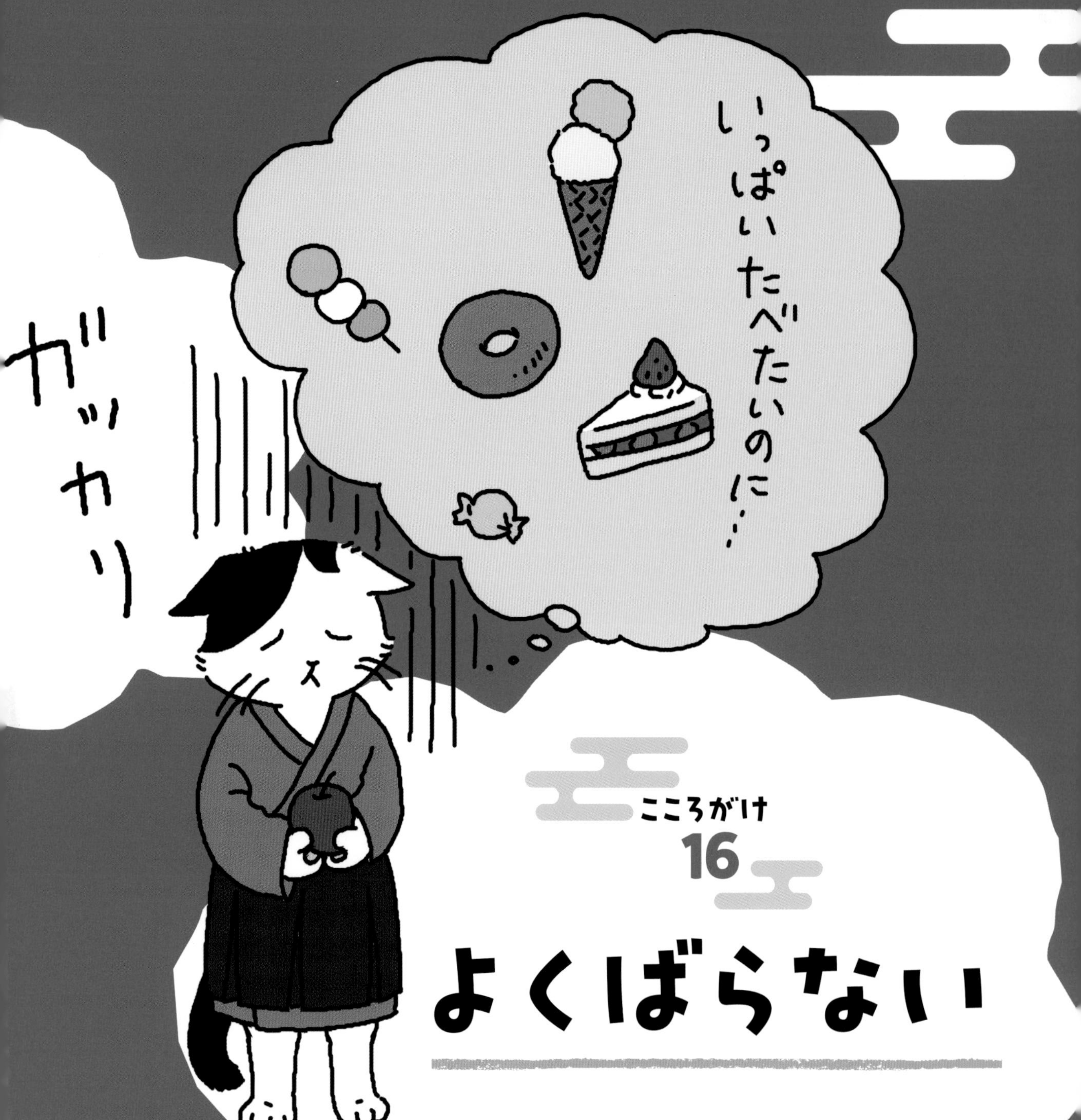
いっぱいたべたいのに・・・
ガッカリ

こころがけ
16

よくばらない

おうちの ひとに
「ゲームを やめなさい」と
いわれたとき、
「もっと やりたいのに…」と
ガッカリしたら つらくなる。
そうじゃなくて、「きょうは たのしく ゲームできたな」と
まんぞくできたら しあわせだよね。

ともだちに なにか してあげたときも、おなじ。
たとえ、おかえし してくれなくても、ガッカリしないで。
じぶんの しんせつで、ともだちが よろこんでくれたら、
それだけで、さいこうじゃないか！

りんご おいしいよ？
シャリ
シャリ

こころがけ
17

きれいに そうじする

おぼうさんは、まいにち おてらを ピカピカに そうじするよ。
そうじは、たいせつな しゅぎょうの ひとつで、
ばしょや モノの よごれを おとすだけじゃなくて、
じぶんの こころも ピカピカにしてくれるんだ。

きみも、ばしょやモノへの「ありがとう」のきもちをこめて、
つぎに つかう ひとのことを かんがえながら、そうじしてみて。
モノの よごれも、こころの よごれも、
ながく ほうっておくと おちにくくなるから、
まいにちの しゅうかんにしよう。

てつだって
くれて
ありがとう

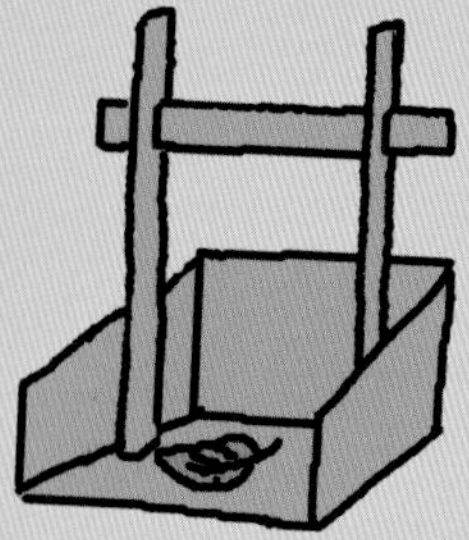

きちんと
せいりせいとんする

こころがけ
18

きみに おうちがあるように、
モノにも おうちを つくってあげよう。
つかうときに だして、
つかいおわったら もとのばしょに もどすだけ。

きれいに せいりせいとんされた へやって、きもちがいいよね？
そんなへやで すごしていたら、きみの こころだって、
しぜんと ととのうよ。

おぼうさんの そうじ

おてらの そうじだけじゃなくて、おぼうさんの こころや からだの そうじについても、しょうかいするよ。

護《ご》美《み》箱《ばこ》

ゴミ

ゴミって なんだろう?

おぼうさんは、じぶんの やくにたつから だいじなモノ、やくにたたないからゴミという じぶんかってな かんがえかたを しないよ。どんなモノも リサイクルして、さいごまで むだなく つかいきるんだ。

さいしょに くうきを そうじ

くうき

かくしごとがないから、ひるまの おてらでは、まどを しめきることがないよ。だから、なかの くうきは いつだって しんせんで きれいなんだ。

じぶんの
こころも
しんせんに
なるよ

いきもの

ぜんぶの いのちを たいせつにする

おぼうさんは、すべてのいのちを、みんな おなじように たいせつだと かんがえているよ。だから、しょくじででた なまゴミを はたけの えいようにして、さくもつを つくったりするんだ。もちろん、むしや どうぶつを きずつけたりもしないよ。

せんめん

かおも こころも サッパリ

かおを あらうことが もくてきではないよ。かぎりある みずにたいする かんしゃの きもちを もつことで、みんなのこころを あらうんだ。

かたづけ

てきとうに かたづけない

おてらでは、かるいものは たかいところ、おもいものは ひくいところ、よくつかうものは まえのほう、あまりつかわないものは おくのほうに かたづけるのが きほん。そうすれば、あぶなくないからね。

トイレ

トイレには かみさまがいる!?

おてらの トイレには、このよの すべての よごれを きれいにする かみさまが いるよ。 まいにち ていねいに そうじして、つかうときも よごさないように きをつけているんだ。

おふろ

せつやくしながら ゴシゴシ

おぼうさんは、おけ1ぱいの おゆだけで からだをあらうよ。かおを あらうときも、はを みがくときも、みずを だしっぱなしにしないんだ。

こころがけ 19

みんなで たすけあう

ひとは、ひとりでは いきていけないよ。
だれかが こまっていたら、たすけてあげて。
そうすれば、きみが こまっているとき、
きっと たすけてくれるはず。

ひとりだったら できないことも、
みんなで きょうりょくすれば できる。
ひとりだったら サボってしまう
よわいこころも、
みんなで ささえあえば
やっつけられるよ。

ゴォオーオォオォ

じぶんだけの しあわせを みつける

こころがけ
20

しあわせの かたちは、 ひとりひとり ちがう。
きみには きみの、 ともだちには ともだちの しあわせがあるよ。
だから、 どうしたら しあわせな きもちになるか、
じぶんで じぶんを よ～く かんさつしてみて。

じぶんと ともだちを くらべて、
うらやましがったり、
くやしがったりする ひつようなんてない。
じぶんなりの しあわせを みつけて、
じぶんらしく いきていこうね。

監 修 者
猪苗代 昭順（いなわしろ・しょうじゅん）

1974 年、宮城県気仙沼市生まれ。英国に留学時、哲学者として紹介されていた曹洞宗開祖・道元禅師の教えに感銘を受け、僧侶になることを決意。大本山總持寺元貫首・板橋興宗禅師に就いて出家得度し、現在は御誕生寺住職として修行僧と共に精進している。御誕生寺は「ねこ寺」としても有名。

イ ラ ス ト　岡田 千夏
カバーデザイン　坂川 朱音＋小木曽 杏子（朱猫堂）
本文デザイン　浅沼 孝行（TA DESIGN WORKS）
企 画 編 集　立川 宏＋藤井 千賀子（オフィス・ジータ）

主な参考文献
『新装版 雲水日記』禅文化研究所
『お坊さんにまなぶ こころが調う食の作法』ディスカバー・トゥエンティワン
『お坊さんが教える こころが整う掃除の本』ディスカバー・トゥエンティワン

てらにゃんこ こころがけえほん

2024年1月6日　初版第1刷発行

監 修 者　猪苗代 昭順
発 行 者　永松 武志
編　　者　オフィス・ジータ
発 行 所　えほんの杜
〒112-0013 東京都文京区音羽2-4-2
TEL.03-6690-1796　FAX.03-6675-2454　URL.https://ehonnomori.co.jp
印刷・製本　株式会社シナノ パブリッシング プレス
販売促進　江口 武

ISBN 978-4-904188-74-3　Printed in Japan